A La Cuisine Acadienne

Photos Wayne Barrett

Avant-propos par Barbara LeBlanc

NIMBUS
PUBLISHING LTD

Nimbus Publishing Limited
P.O. Box 9301, Station A
Halifax, N.S.
B3K 5N5

Mise en page: Arthur Carter, Halifax

Source des recettes: *Out of Old Nova Scotia Kitchens* par Marie Nightingale; *The Apple Connection* par Beatrice Ross Buszek; Ministère du Tourisme, des loisirs et du Patrimoine du Nouveau-Brunswick; Ministère des Pêches et de l'Aquaculture du Nouveau-Brunswick; Marg Routledge, Fredericton

Données de catalogage avant publication (Canada)

Barrett, Wayne.

La cuisine acadienne

Traduction de: Acadian Pictorial Cookbook.
ISBN 0-921054-66-1

1. Cuisine acadienne. 2. Provinces maritimes— Descriptions et voyages— 1981— Vues.*
I. Titre.

TX715.6.B3714 1991   641.59715   C90-097708-6

Imprimé et relié à Hong Kong

Couverture: la statue de l'Évangéline, Lieu historique national de Grand-Pré, Grand-Pré (N.-É.)
Page de titre: canot à rames, Bouctouche (N.-B.)
Table des matières: Cap-Egmont (Î.-P.-É.)
Dos: drapeau acadien (Î.-P.-É.)

Table des matières

Avant-propos

Si le patrimoine culturel est comme une trame dont les fils multicolores reflètent les divers aspects de la vie quotidienne, la cuisine constitue l'un de ces fils. Chaque groupe ethnique a ses traditions culinaires. C'est ainsi que la table acadienne procède d'un amalgame d'habitudes alimentaires françaises transplantées sur une terre lointaine, habitudes que Micmacs et Malécites n'ont pas été sans influencer.

La plupart des Acadiens des Maritimes descendent d'agriculteurs et d'artisans qui, au milieu du XVIIe siècle, arrivèrent au nouveau monde en provenance du centre-ouest de la France. Le nouveau rameau se fortifia en Acadie, où liens familiaux ténus, religion, langue et traditions ancestrales communes contribuèrent à créer une société indépendante et homogène.

Le premier groupe de colons acadiens débarqua en 1632 à LaHave, maintenant en Nouvelle-Écosse. La colonie déménagea à Port-Royal en 1636. La population grandissant, les colons s'implantèrent en amont de la rivière Annapolis et le long du littoral de la baie de Fundy. Puis un groupe s'établit à l'Île-du-Prince-Édouard. Par suite de la déportation (1755-1763), ces Acadiens perdirent leurs terres et furent dispersés dans le monde entier.

Des descendants d'Acadiens qui se réinstallèrent dans les Maritimes après 1763 se retrouvent aujourd'hui, ici et là, dans certaines parties du littoral de la Nouvelle-Écosse, de l'Île-du-Prince-Édouard et du Nouveau-Brunswick. Si on parcourait ces agglomérations, on ne tarderait pas à y déceler des habitudes alimentaires communes. Et si, remontant dans le temps, on visitait les établissements acadiens des dix-septième, dix-huitième et dix-neuvième siècles, on trouverait sur la table du fricot, de la soupe, du poisson, du porc, du navet, du chou, des crêpes, des pommes, du pain, du beurre et de la mélasse. Ces deux voyages effectués l'un dans le temps, l'autre aujourd'hui, révéleraient qu'essentiellement la cuisine typiquement acadienne n'a pas beaucoup évolué au cours des siècles. La simplicité en est toujours la principale caractéristique: les repas à un service comme le fricot, la râpure, le pâté de viande, le jambon bouilli et les mets à base de morue salée sont presque aussi usuels aujourd'hui qu'ils l'étaient auparavant.

Au cours de la période de colonisation, le rigorisme de la religion catholique réglait en partie les habitudes alimentaires des fidèles. Les Acadiens faisaient maigre au moins 150 jours par année et cela explique, mise à part l'abondance des fruits de mer dans les Maritimes, la grande consommation qu'ils faisaient du poisson, particulièrement le hareng et la morue. Le contact avec les aborigènes influença également le régime alimentaire des Acadiens. Le maïs, absent de la table européenne, devint un élément essentiel de plats comme la soupe au blé d'Inde et le gâteau à la farine de maïs. Les Acadiens apprirent sans doute également des Indiens certaines techniques de chasse qui amenèrent sur leur table le lièvre, l'orignal et le gibier à plume. Beaucoup d'Acadiens sont toujours amateurs de chasse. Mon père, par exemple, tendait des pièges, et ma mère apprêtait des civets de lièvre et des fricots pour Noël et le temps des fêtes.

Parmi les viandes on trouvait surtout le porc, de même que le bœuf, l'agneau et le poulet. Les haricots, le maïs, les pois, les carottes et l'oignon constituaient les principaux légumes. Sans doute parce qu'ils se conservaient bien durant tout l'hiver, le chou et le navet étaient le plus répandus. La pomme de terre ne faisait pas partie de l'alimentation des Acadiens pendant la période primitive de la colonisation. Une fois introduite, elle devint toutefois une source alimentaire de base.

Les colons acadiens, dont la plupart étaient fermiers et pêcheurs, menaient une vie moins sédentaire que leurs descendants d'aujourd'hui. Des repas substantiels leur étaient donc nécessaires pour exécuter leurs tâches quotidiennes. C'est ainsi que le petit déjeuner comprenait souvent du boudin, des fèves au lard, du fromage de tête, voire la desserte du soir précédent.

Les moulins à blé fournissaient blé entier, avoine, sarrasin et orge. Les Acadiens troquaient la farine de ces grains contre de la mélasse et du sucre des Antilles. La mélasse devint ainsi un important élément de leur alimentation. C'est toujours un régal pour moi de trouver au foyer gâteaux ou biscuits à la mélasse fraîchement sortis du four. La mélasse servait également de condiment pour les crêpes ou les tartines de beurre. On surnommait mangeurs de mélasse les membres de ma famille, tellement ils appréciaient ce liquide sirupeux.

Les visiteurs de l'Acadie aux dix-septième et dix-huitième siècles mentionnent dans leurs écrits plusieurs boissons. Le vin français, le cidre et la bière d'épinette, le rhum des Antilles et le lait arrosaient les repas. On accompagnait aussi le pain de crème sure. L'histoire nous apprend également que les Acadiens auraient été les premiers à cultiver des vergers de pommiers. On servait nature, ou en confiture, cerises, poires et baies telles que bleuets et mûres.

Certaines fêtes, comme la Toussaint, la Sainte-Catherine et le mardi gras, avaient leurs friandises particulières. On célébrait les morts à la Toussaint, c'est-à-dire le premier novembre. La veille, on avait coutume de jouer des tours aux voisins. L'un de ces tours consistait à chiper des choux dans les jardins. On en faisait de la soupe dont tout le monde se régalait à l'Halloween. À la Sainte-Catherine, célébrée le 25 novembre, et le mardi gras, c'est-à-dire la veille du mercredi des cendres qui inaugurait le carême, on fabriquait la tire, ou tamarin. On confectionne cette friandise avec de la mélasse ou du sucre. Les crêpes aux oeufs servies à la chandeleur, le 2 février, et les pâtés de viande de Noël ravivent nos souvenirs de la cuisine traditionnelle.

Les recettes de ce livre illustré ne constituent qu'un échantillon du riche patrimoine acadien des Maritimes. Ce sont des plats que ma famille et d'autres Acadiens ont savourés pendant des siècles. Quelle initiation agréable à la civilisation acadienne! Bon appétit!

Barbara LeBlanc
Directrice du Lieu historique
national de Grand-Pré, Grand-
Pré (N.-É.)

Régions acadiennes des Maritimes
Acadian Communities of the Maritimes

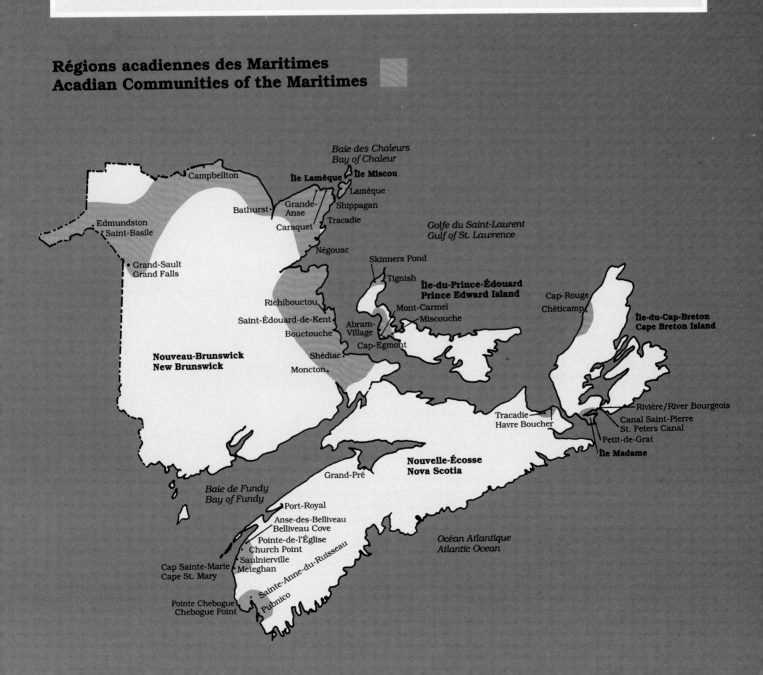

Fromage de tête

1 tête de porc
2 gros oignons en cubes
Sel et poivre
1 c. à thé (5 mL) de sarriette
Clous de girofle moulus
Cannelle

Nettoyer la tête de porc. Fendre la tête en deux et la laisser tremper dans de l'eau légèrement salée durant quelques heures. Rincer à plusieurs eaux et ajouter les oignons, le sel et le poivre. Ajouter suffisamment d'eau pour couvrir les ingrédients. Laisser cuire à feu doux jusqu'à ce que la viande se détache des os. Filtrer le bouillon et le réserver. Couper la viande en petits morceaux. Faire bouillir le jus de cuisson 10 minutes avec les épices. Mettre la viande dans des moules et verser le liquide dessus. Laisser refroidir à la température de la pièce avant de réfrigérer.

6

Boudin

4 lb (2 kg) de porc
4 oignons hachés
4 tiges de ciboulette hachée
1 c. à soupe (15 mL) de sel
1 c. à soupe (15 mL) de poivre
3 c. à soupe (50 mL) de sarriette
1 pinte (1 L) de sang de porc

Incorporer porc, oignons, ciboulette, sel, poivre et sarriette. Recouvrir d'eau et cuire jusqu'à consistance spongieuse. Retirer du feu et pétrir les grumeaux en purée. Faire refroidir avant d'ajouter le sang. Cuire jusqu'à ce que le mélange noircisse, en brassant suffisamment pour empêcher de brûler. Laisser refroidir. Servir avec pain et beurre frais.

Photo: Saint-Basile (N.-B.)

Croquettes de poisson

2 oignons hachés
Beurre
4 tasses (1 L) de purée de pommes
   de terre
2 tasses (500 mL) de morue salée,
   cuite
Sel et poivre
2 c. à thé (10 mL) de muscade
2 oeufs battus

Faire sauter l'oignon dans le beurre
jusqu'à brunissement. Incorporer
l'oignon, la purée de pommes de
terre, la morue, le sel, le poivre, la
muscade et les oeufs. Façonner en
galettes et frire les deux côtés dans
le beurre jusqu'à ce qu'elles
deviennent dorées.

*À gauche: séchage de la morue, Cap
Sainte-Marie (N.-É.)*
À droite: Pointe Chebogue (N.-É.)

Soupe au chou

2 à 3 lb (1 à 1,5 kg) de jarret de
    boeuf
2 pintes (2 L) d'eau froide
1 c. à soupe (15 mL) de sel
1/4 c. à thé (1 mL) de poivre
1 feuille de laurier
Fines herbes
1 petite tête de chou finement hachée
2 tasses (500 mL) de poireau ou
    d'oignon haché
2 tasses (500 mL) de céleri en cubes
1 tasse (250 mL) de carottes en
    cubes

Faire tremper le jarret de boeuf dans
l'eau froide pendant 30 minutes.
Ajouter sel, poivre, feuille de laurier
et fines herbes. Amener lentement
à ébullition et écumer au besoin.
Réduire le feu et laisser mijoter
pendant 2 ou 3 heures. Ajouter les
légumes et faire mijoter encore
pendant 30 minutes.

*Photo: Village historique acadien,
Caraquet (N.-B.)*

Soupe aux pois cassés

2 tasses (500 mL) de pois verts
   cassés
1 os de jambon
2 pintes (2 L) d'eau froide
2 carottes en cubes
1 oignon en cubes
1 tige de céleri en cubes
Fines herbes
Poivre de Cayenne

Faire tremper les pois durant une
nuit, puis les égoutter. Recouvrir
d'eau froide l'os de jambon et le faire
mijoter durant 1 heure et demie.
L'eau ne doit pas bouillir et le
récipient doit être bien couvert.
Ajouter les pois et les autres
ingrédients. Faire mijoter encore
durant 1 heure ou jusqu'à ce que
les pois soient très tendres. Enlever
l'os de jambon. Passer la soupe au
tamis et la remettre dans le
chaudron. Assaisonner.

Photo: Bathurst (N.-B.)

Moules au beurre et au macis

Moules
2 c. à soupe (25 mL) de beurre
Farine et macis

Bien laver les moules et les mettre dans un chaudron. Ajouter l'eau et laisser mijoter jusqu'à ce qu'elles soient ouvertes. Enlever les moules, les égoutter et tamiser le jus de cuisson. Remettre moules et jus dans le chaudron, en utilisant 1 tasse (250 mL) de jus pour 1 pinte (1 L) de moules. Rouler le beurre dans un peu de farine et de macis. Ajouter aux moules et faire mijoter jusqu'à ce que les moules soient à point. Servir sur des rôties.

Photo: Canal Saint-Pierre, Île-du-Cap-Breton (N.-É.)

13

Soupe au blé d'Inde

2 tranches de lard salé
4 petits oignons émincés
6 pommes de terre moyennes, pelées
    et coupées en cubes
4 tomates moyennes, pelées et
    tranchées
2 c. à thé (10 mL) de sel
1/4 c. à thé (1 mL) de poivre
1 chopine (500 mL) d'eau bouillante
6 épis de blé-d'Inde
1 c. à soupe (15 mL) de beurre
1 c. à soupe (15 mL) de farine
1 pinte (1 L) de lait chaud
1/4 c. à thé (1 mL) de bicarbonate de
    soude

Couper le lard salé en cubes de
1/4 de po. (1 cm) et frire jusqu'à ce
que les cubes soient croustillants et
dorés. Retirer du feu et ajouter

oignons, pommes de terre et
tomates, en les superposant.
Saler et poivrer. Recouvrir d'eau
bouillante et faire mijoter les
légumes jusqu'à ce qu'ils soient
presque cuits. Enlever les grains
des épis, les ajouter au potage et
faire mijoter encore 10 minutes.
Faire fondre le beurre, l'incorporer à
la farine et mettre dans la soupe.
Ajouter graduellement le lait chaud
et le bicarbonate de soude en
brassant jusqu'à épaississement.
Servir chaud avec des biscottes.

*À gauche: le sculpteur sur bois
Clément Belliveau, Anse-des-
Belliveau (N.-É.)
À droite: maison de bouteilles, près
de Abram-Village (Î.-P.-É.)*

Chaudrée de poisson

1/2 lb (250 g) de lard salé, en cubes
1 oignon moyen, coupé en morceaux
2 tasses (500 mL) d'eau bouillante
3 tasses (750 mL) de pommes de
   terre pelées, en cubes
4 tasses (l L) de lait
8 biscuits soda, émiettés
2 c. à soupe (25 mL) de beurre
2 c. à thé (10 mL) de sel
1/8 c. à thé (1 mL) de poivre
2 c. à soupe (25 mL) de persil
   finement haché
2 lb (1 kg) de filets d'aiglefin
Paprika

Faire frire le lard salé jusqu'à ce
qu'il soit croustillant. Ajouter
l'oignon et faire revenir jusqu'à ce
qu'il soit tendre, mais pas bruni.
Ajouter l'eau bouillante et les
pommes de terre et cuire durant 10
minutes. Incorporer lait, biscuits
soda, beurre, sel, poivre et persil.
Amener jusqu'au-dessous du point
d'ébullition. Dans l'intervalle, couper
les filets en morceaux de 2 po.
(5 cm). Pocher 5 minutes dans du
lait chauffé juste au-dessous du
point d'ébullition. Ajouter le
mélange lacté au mélange de
pommes de terre. Verser dans une
soupière ou dans des bols individuels. Saupoudrer de paprika.
Pour 6 personnes.

*À gauche: Cap-Jack, Havre Boucher
(N.-É.)*
À droite: Île Miscou (N.-B.)

Soupe acadienne

2 oignons moyens, émincés
2 c. à soupe (25 mL) de beurre
2 pommes vertes, coupées en deux,
   évidées et hachées
2 filets d'aiglefin, environ
   1 à 1-1/2 lb (500 à 750 g)
1/2 chopine (250 mL) de bouillon
1-1/2 tasse (375 mL) de cidre
Sel et poivre
Romarin frais

Faire revenir les oignons dans le beurre jusqu'à ce qu'ils soient tendres. Ajouter les pommes et faire sauter encore 1 minute. Couper les filets d'aiglefin en bouchées. Les incorporer aux oignons et aux pommes. Ajouter bouillon, cidre, sel, poivre et romarin. Faire mijoter à feu doux durant 30 minutes. Retirer le romarin juste avant de servir.

Photo: Tignish (Î.-P.-É.)

Soupe aux légumes

1/2 tasse (125 mL) d'orge
10 tasses (2,5 L) de bouillon
1 c. à soupe (15 mL) de sel
1/2 c. à thé (2 mL) de poivre
Fines herbes
1 gros oignon émincé
2 pommes de terre moyennes, pelées
   et coupées en cubes
1 grosse carotte en cubes
1/2 tasse (125 mL) de blé d'Inde en
   grains
1/2 tasse (125 mL) de haricots verts
   ou jaunes, coupés en morceaux
1/2 tasse (125 mL) de chou râpé
1/2 tasse (125 mL) de navet en
   cubes
1/2 tasse (125 mL) de pois verts

Faire tremper l'orge dans l'eau durant 1 heure et égoutter. Dans l'intervalle, ajouter au bouillon le sel, le poivre, les fines herbes, l'oignon, et l'orge. Amener à ébullition. Réduire le feu et faire mijoter pendant 30 minutes. Ajouter les pommes de terre et les légumes et faire mijoter jusqu'à ce qu'ils soient tendres.

Photo: Tracadie (N.-É.)

19

Soupe aux huîtres

1/4 tasse (50 mL) de beurre
1 chopine (500 mL) d'huîtres
    écaillées, avec le jus
5 tasses (1,25 L) de lait
1-1/2 c. à thé (7 mL) de sel
1/8 c. à thé (1 mL) de poivre
Muscade en garniture

Faire fondre le beurre et y incorporer les huîtres avec leur jus. Laisser mijoter durant 3 minutes. Faire chauffer le lait jusqu'au point d'ébullition. L'ajouter au mélange d'huîtres avec le sel et le poivre. Saupoudrer la muscade. Servir immédiatement. Pour 6 personnes.

Photo: Lamèque, Île Lamèque (N.-B.)

———————21———————

Fricassée de lièvre

2 jeunes lièvres
1 petit oignon émincé
1/4 c. à thé (1 mL) de poivre
Muscade
Une pincée de macis
Fines herbes
1 tasse (250 mL) de crème ou de lait
2 tasses (500 mL) de bouillon
2 oeufs bien battus
1 c. à soupe (15 mL) de beurre
Farine
Lait
Le jus d'un citron

Couper les lièvres en morceaux et les faire tremper dans l'eau salée durant au moins 1 heure. Les égoutter et les recouvrir d'eau fraîche. Ajouter oignon, poivre, muscade, macis et fines herbes. Faire mijoter à couvert jusqu'à ce qu'ils soient tendres, pendant environ 1 heure. Retirer les lièvres du chaudron et les mettre au four à feu doux; réserver le bouillon. Mélanger la crème à 2 tasses (500 mL) de bouillon et incorporer aux oeufs battus, une petite quantité à la fois, puis ajouter le beurre. Mélanger ensuite un peu de farine et de lait et ajouter au mélange crémeux en brassant pour épaissir. Amener à ébullition et retirer du feu. Ajouter le jus de citron et recouvrir les lièvres avec la sauce.

Photo: Cap-Rouge (N.-É.)

Râpure

2 poulets de 3 à 3-1/2 lb
(1,5 à 1,625 kg) chacun
Sel et poivre
Assaisonnements à volaille
Oignon haché
1 boisseau (8 kg) de pommes de terre
1/4 lb (125 g) de beurre
6 tranches de bacon

Mettre ensemble poulet, sel, poivre, assaisonnements et oignon haché. Ajouter de l'eau et faire mijoter jusqu'à ce que ce soit cuit. Désosser la viande et la couper en morceaux; réserver le bouillon. Pendant la cuisson du poulet, peler les pommes de terre et les mettre dans de l'eau froide. Râper environ 10 pommes de terre à la fois et en extraire l'eau et l'amidon en les pressant dans un sac de coton (un petit sac à farine). Réserver le jus des pommes de terre. Mesurer la quantité d'eau recueillie avant de la jeter. Ébouillanter les pommes de terre avec la même quantité de bouillon de poulet. Mélanger lentement. Cuites à point, les pommes de terre ont un aspect gélatineux. Veiller à ce qu'il n'y ait pas de grumeaux. Ajouter de nouveau sel, poivre et assaisonnements et bien mélanger. Graisser un plat de 12 x 17 x 2 po. (30 x 43 x 5 cm) et couvrir le fond de la moitié du mélange de pommes de terre. Disposer par-déssus le poulet, l'oignon haché, des noix de beurre. Mettre ensuite le reste des pommes de terre, ainsi qu'un peu d'oignon haché, d'autres noix de beurre et le bacon. Mettre la préparation au four à 400°F (200°C) environ 2 heures, ou jusqu'à ce que le dessus forme une croûte dorée. Servir avec de la compote de pommes, de la sauce de canneberge ou de la mélasse et du beurre. Pour 12 personnes.

À gauche: Moncton (N.-B.)
À droite: Saulnierville (N.-É.)

Tourtières

1 lb (500 g) de boeuf haché
1 lb (500 g) de porc haché
1 petit oignon émincé
1 gousse d'ail
1 c. à thé (5 mL) de clous de girofle
   moulus
1 c. à thé (5 mL) de cannelle
1 c. à thé (5 mL) de sel
1/4 c. à thé (1 mL) de poivre
1/2 tasse (125 mL) d'eau bouillante
Pâte double pour deux tartes
Crème

Mélanger la viande avec l'oignon,
l'ail, les épices, le sel et le poivre.
Ajouter l'eau bouillante et cuire à
feu doux, en brassant constamment,
jusqu'à ce que la viande brunisse.
Recouvrir de pâte deux assiettes à
tarte et remplir du mélange de
viande. Recouvrir d'une autre pâte
et sceller la bordure. À l'aide d'un
couteau, faire quelques entailles
au centre pour laisser la vapeur
s'échapper. Badigeonner le dessus
de crème et mettre au four à 450°F
(230°C) durant 30 minutes. Servir
très chaud ou réfrigérer pour man-
ger ultérieurement.

Photo: Edmundston (N.-B.)

Perdrix au chou

2 perdrix
Sel et poivre
1 grosse pomme, évidée et pelée,
  coupée en cubes
3 tiges de céleri en cubes
2 tranches de bacon ou de lard salé
1 gros oignon en quartiers
Beurre
1 tête de chou évidé, en quartiers

Plumer, nettoyer et laver les perdrix dont on rince l'intérieur à l'eau froide. Assaisonner de sel et de poivre l'intérieur et l'extérieur. Mélanger la pomme et le céleri et en farcir les perdrix. Fixer le bacon ou le lard salé autour des poitrines et mettre les perdrix dans une rôtissoire. Ajouter les quartiers d'oignons. Badigeonner de beurre l'extérieur des perdrix et mettre au four à 350°F (180°C) durant 45 minutes ou jusqu'à ce qu'elles soient partiellement cuites. Dans l'intervalle, faire bouillir le chou jusqu'à ce qu'il soit à moitié cuit. Égoutter et placer autour des perdrix. Remettre au four pour 45 minutes ou jusqu'à parfaite cuisson. Faire la sauce avec le jus de cuisson.

Photo: Village des pionniers
acadiens, Mont-Carmel (Î.-P.-É.)

28

Fricot au poulet

3 à 5 lb (1,5 à 2,5 kg) de poulet
1/4 lb (125 g) de lard salé
2 pintes (2 L) d'eau bouillante
2 gros oignons en cubes
4 grosses pommes de terre pelées,
coupées en cubes
1 tasse (250 mL) de carottes
finement tranchées
1 c. à soupe (15 mL) de sel
1/2 c. à thé (2 mL) de poivre
1/2 c. à thé (2 mL) d'origan
1 c. à thé de sarriette
1/4 tasse (50 mL) de farine
1 tasse (250 mL) d'eau froide

Boulettes:

2 tasses (500 mL) de farine
1 c. à soupe (15 mL) de poudre à
pâte
1/2 c. à thé (2 mL) de sel
1 c. à soupe (15 mL) de margarine ou
de beurre
3/4 tasse (175 mL) de lait ou d'eau
froide

Couper le poulet en morceaux et le lard salé en carrés de 1 po. (2,5 cm) d'épaisseur. Faire frire le poulet avec les morceaux de lard jusqu'à brun doré. Ajouter eau bouillante, oignons, pommes de terre, carottes, sel, poivre, origan et sarriette. Faire cuire 1 heure ou jusqu'à ce que la viande devienne tendre. Mélanger l'eau et la farine et incorporer au fricot pour l'épaissir. Au besoin, ajuster l'assaisonnement.

Faire les boulettes. Tamiser ensemble farine, poudre à pâte et sel. Incorporer la margarine en la coupant dans la farine. Ajouter le lait et mélanger jusqu'à consistance moelleuse. Déposer la pâte par cuillerées dans le fricot bouillant. Couvrir hermétiquement et faire cuire 10 minutes.

Photo: Université Sainte-Anne, Pointe-de-l'Église (N.-É.)

Pâté à la viande acadien

Pomme de terre pelées, en cubes
Poulet, lièvre ou porc coupé en
*   morceaux*
Oignon émincé
Sel et poivre
Pâte à biscuit

Tapisser de pommes de terre le fond
d'une casserole profonde graissée.

Ajouter une rangée de viande et
d'oignon; saler et poivrer. Couvrir de
lanières de pâte à biscuit. Faire
d'autres rangées jusqu'à ce que la
casserole soit remplie au trois
quarts. Ajouter de l'eau chaude de
façon à recouvrir la dernière rangée.
Couvrir de pâte à biscuit de 1/2 po.
(1,25 cm) d'épaisseur. Faire une
entaille au centre de la pâte et
faire cuire de 4 à 5 heures sur la
cuisinière.

Poutines râpées

1 lb (500 g) de porc maigre ou 1 lb
    (500 g) de lard salé, en cubes
20 pommes de terre crues
2 tasses (500 mL) ou plus de purée
    de pommes de terre
Sel et poivre
1 petit oignon, râpé
Farine

Couper le porc maigre en petits
morceaux. (Si on utilise du petit
salé, le faire reposer une nuit
dans un récipient rempli d'eau,
puis l'égoutter.) Peler et râper les
pommes de terre crues et en
extraire la plus grande partie de
l'eau en les pressant dans un linge.
En incorporer une quantité égale à
la purée de pommes de terre.
Ajouter le sel, le poivre et l'oignon.
Façonner le mélange de pommes de
terre en boules ou en petits pâtés,
faire un trou au centre et farcir de
porc. Bien fermer les ouvertures
avec le mélange de pommes de terre.
Rouler les poutines dans la farine et
les déposer délicatement dans l'eau
bouillante salée. Faire mijoter 2
heures à feu doux. Servir chaud
avec le jus de cuisson ou de la
mélasse. Environ 20 poutines.

*Photo: Petit-de-Grat, Île Madame
(N.-É.)*

Jambon bouilli

1 gros jambon
Vin blanc ou cidre
5 à 6 grosses carottes
2 à 3 oignons moyens
Une pincée de poudre d'ail
Fines herbes en bouquet
Chapelure
Persil finement haché

Faire tremper, laver et parer le jambon. L'envelopper dans de la gaze préalablement enfarinée. Le mettre dans un chaudron un peu plus grand que la pièce de viande et recouvrir de 2 volumes d'eau froide pour un volume de vin blanc. Amenez graduellement à ébullition, en écumant au besoin. Ajouter carottes, oignons, poudre d'ail et fines herbes. Faire mijoter à feu doux jusqu'à ce que le jambon soit tendre, c'est-à-dire de 4 à 5 heures selon sa grosseur. Laisser refroidir dans le chaudron et retirer le jambon dont on enlève la couenne. Saupoudrer d'un mélange de chapelure et de persil finement haché.

Photo: L'Habitation, Lieu historique national de Port-Royal (N.-É.)

Pâté Restigouche

1 lb (500 g) de boeuf
1 lb (500 g) de porc
1 lb (500 g) de poulet ou de dinde
1 lb (500 g) de chevreuil
1 lb (500 g) de viande d'orignal
1 lièvre
2 gros oignons, finement hachés
1 c. à soupe (15 mL) d'épices
Sel et poivre
1/2 lb (250 g) de lard salé, tranché
  mince
8 lb (4 kg) de pommes de terre
  pelées, en cubes
Bouillon
Pâte:
2 tasses (500 mL) de farine
3/4 tasse (175 mL) de bouillon d'os
  tiède
Pincée de sel

Désosser la viande et la couper en
cubes de 1/2 po. (1 cm) d'épaisseur.
Faire un bouillon avec les os et en
réserver 3/4 de tasse (175 mL) pour
la pâte. Mélanger viande, oignons,
épices, sel et poivre et réfrigérer 1
heure.

Préparer la pâte. Mélanger la farine,
3/4 de tasse (175 mL) de bouillon et
une pincée de sel. Rouler la pâte
puis en couper la moitié en carrés
de 1 po. (2,5 cm). Mettre le reste de
côté pour recouvrir le pâté. Dans 1
ou 2 gros chaudrons, mélanger le
lard salé, les pommes de terre, le
mélange de viande, les carrés de
pâte et le bouillon. Recouvrir du
reste de pâte. Réfrigérer quelques
heures ou jusqu'à ce que le bouillon
soit au même niveau que la pâte.
Ajouter du bouillon ou de l'eau au
besoin. Mettre au four 1 heure
à 375°F (190°C). Réduire la
température à 250°F (130°C) et
cuire encore 4 à 5 heures. Pour 15 à
18 personnes.

Photo: Campbellton (N.-B.)

Casserole de fruits de mer

1/2 c. à thé (2 mL) de sel
1 tasse (250 mL) de lait
1 lb (500 g) de pétoncle
1 boîte de chair de crabe de 8 onces
   (227 g)
1 boîte de chair de homard de
   11,3 onces (320 g)
1/4 tasse (50 mL) de margarine
2 tasses (500 mL) d'oignon haché
3 tasses (750 mL) de céleri haché
3/4 tasse (175 mL) de farine
1 c. à thé (5 mL) de sel
1/4 c. à thé (1 mL) de poivre blanc
1/2 tasse (125 mL) de margarine
4 tasses (1 L) de lait froid
1 lb (500 g) de cheddar râpé
12 onces (300 g) de crevettes cuites
   et parées
Croûtons (facultatif)

Mélanger 1/2 c. à thé (2 mL) de sel et 1 tasse (250 mL) de lait; chauffer. Pocher les pétoncles dans le lait bouillant durant 3 à 5 minutes ou jusqu'à ce que la chair en soit opaque. Égoutter et réserver le lait. Égoutter le crabe et le homard dont on enlève le cartilage. Couper en morceaux. Faire fondre 1/4 de tasse (50 mL) de margarine et y faire revenir l'oignon et le céleri. Mélanger la farine, 1 c. à thé (5 mL) de sel et le poivre blanc. Faire fondre 1/2 tasse (125 mL) de margarine, y incorporer la farine assaisonnée, et faire cuire 2 minutes à feu doux. Ajouter graduellement 4 tasses (1 L) de lait froid ainsi que le lait chaud réservé et brasser jusqu'à consistance épaisse et lisse. Ajouter le fromage et brasser jusqu'à dissolution. Assaisonner de nouveau au besoin. Ajouter les pétoncles, le crabe, le homard et les crevettes. Verser dans une grande casserole et mettre au four à 400°F (200°C) de 20 minutes ou jusqu'au bouillonnement. Recouvrir de croûtons et continuer la cuisson jusqu'à ce que le dessus devienne doré.
À gauche: Pubnico-Ouest-le-bas (N.-É.). À droite: cages à crabes, Shippagan (N.-B.)

Morue pochée

1 lb (500 g) de filet de morue
1/2 c. à thé (2 mL) de sel
1-1/2 tasse (375 mL) de lait
1/4 tasse (50 mL) de beurre ou de
  margarine
1/4 tasse (50 mL) de farine
1/2 c. à thé (2 mL) de moutarde
  sèche
1 tasse (250 mL) de cheddar râpé
1/4 tasse (50 mL) de chapelure

Mettre les filets dans une lèchefrite graissée. Mélanger le sel et le lait et verser sur les filets. Mettre au four à 350°F (180°C) pendant 15 à 25 minutes ou jusqu'à ce que le poisson devienne opaque et floconneux. Égoutter le lait et réserver. Faire fondre au bain-marie le beurre ou la margarine. Incorporer la farine et la moutarde. Verser graduellement le lait réservé, en brassant constamment jusqu'à épaississement. Ajouter le fromage, en brassant jusqu'à dissolution. Verser la sauce sur le poisson, et recouvrir de chapelure. Mettre au four à 450°F (230°C) jusqu'à bouillonnement. Pour 4 personnes.

Pâté aux palourdes

2 tasses (500 mL) de palourdes
écaillées avec le jus
3 grosses pommes de terre pelées,
en cubes
Beurre
1 oignon finement haché
1 c. à soupe (15 mL) de farine
Quelques gouttes de jus de citron
Sel et poivre
Pâte pour 1 croûte double

Mélanger le jus de palourdes et les pommes de terre. Ajouter suffisamment d'eau pour recouvrir les pommes de terre et cuire à point. Retirer du feu, mais ne pas égoutter. Faire fondre le beurre et y faire revenir l'oignon. Mélanger la farine avec un peu de jus de pomme de terre et incorporer à l'oignon. Égoutter les pommes de terre. Mélanger pommes de terre, palourdes, jus de citron, oignon, sel et poivre. Tapisser de pâte une assiette à tarte et remplir du mélange aux palourdes. Recouvrir de pâte, presser la bordure avec une fourchette et faire une entaille de ventilation au centre. Mettre au four à 400°F (200°C) jusqu'à ce que la croûte soit dorée.

Photo: Chéticamp (N.-É.)

39

Éperlans frits

2 lb (1 kg) d'éperlans
3/4 c. à thé (3 mL) de sel
1/2 c. à thé (2 mL) de poivre
1/2 c. à thé (2 mL) de persil frais
  haché
3 c. à soupe (50 mL) de farine
3 c. à soupe (50 mL) de huile végétale

Couper la tête et la queue des éperlans. Les évider, les laver et les assécher. Mélanger le sel, le poivre et la farine et en recouvrir les éperlans. Faire frire les éperlans dans l'huile végétale jusqu'à ce qu'ils soient dorés des deux côtés.

Remarque: pour faire bouillir les éperlans, les déposer dans l'eau bouillante assaisonnée de sel, poivre et d'oignon, quelques minutes seulement.

Anguilles frites

3/4 lb (375 g) d'anguille par
  personne
Sel
Farine assaisonnée
Graisse de porc

Peler et évider les anguilles. Couper
en longueurs désirées et recouvrir
d'eau salée. Faire cuire à demi de
8 à 10 minutes. Égoutter et bien
essuyer. Rouler légèrement dans la
farine assaisonnée et faire frire dans
un peu de graisse de porc jusqu'à ce
que l'anguille soit dorée.

Photo: Caraquet (N.-B.)

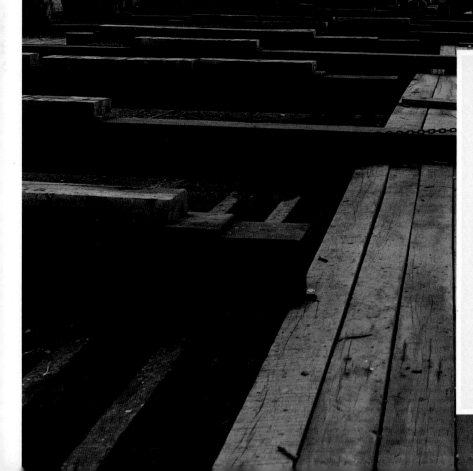

Hareng salé aux pommes de terre

4 harengs salés
12 petites pommes de terre
Sel
1 gros oignon, tranché en rondelles

Laisser tremper les harengs dans l'eau froide toute une nuit. Les parer. Faire bouillir les pommes de terre 15 minutes dans de l'eau légèrement salée. Déposer les harengs et les rondelles d'oignon sur les pommes de terre. Faire cuire à couvert au moins 20 à 30 minutes.

En haut à gauche: boîte aux lettres, Baie Sainte-Marie (N.-É.)
À gauche: Anse-des-Belliveau (N.-É.)
À droite: bateaux de pêche en réparation, Rivière Meteghan (N.-É.)

Sauce au homard

1 oignon haché
3 c. à soupe (50 mL) de beurre
1 c. à soupe (15 mL) de farine
1-1/2 tasse (375 mL) de chair de
*   homard cuit et haché*
1 tasse (250 mL) de lait
Sel et poivre
Paprika

Faire blondir l'oignon dans le
beurre. Ajouter la farine. Faire
cuire 1 minute. Ajouter le lait
lentement en remuant sans arrêt
jusqu'à ce que le mélange épaississe
uniformément; ne pas faire bouillir.
Ajouter le homard, sel, poivre et
paprika.

Photo: Saint-Édouard-de-Kent (N.-B.)

Crêpe aux oeufs

4 oeufs
1/2 c. à thé (2 mL) de sel
1 c. à soupe (15 mL) de sucre
1 tasse (250 mL) de farine
1/2 tasse (125 mL) de lait
1/2 tasse d'eau
1/4 tasse (50 mL) de shortening
* fondu*

Battre les oeufs; ajouter le sel et le sucre. Incorporer graduellement la farine, le lait, l'eau et le shortening. Bien mélanger. Verser le mélange dans un plat allant au four de 8 x 11 po. (20 x 28 cm), graissé. Faire cuire au four à 350°F (180°C) de 45 à 60 minutes ou jusqu'à ce que la croûte soit bien dorée. Se mange avec du beurre, de la mélasse ou du sirop d'érable. Pour 3 à 4 personnes.

Photo: Îles-de-la-Madeleine (Québec)

45

Pain français

1 sachet de levure
1-1/2 tasse (375 mL) d'eau tiède
1 c. à soupe (15 mL) de sucre
2 c. à thé (10 mL) de sel
4-1/2 tasses (1,125 mL) de farine
Farine de maïs

Faire dissoudre la levure dans l'eau
tiède. Ajouter le sucre et le sel.
Ajouter la farine d'un seul coup et
brasser vigoureusement jusqu'à ce
que la pâte soit épaisse et ferme.
Laisser lever la pâte à l'abri des
courants d'air jusqu'à ce qu'elle est
doublé de volume. Diviser la pâte en
deux parties pour en pétrir une
seule à la fois. Placer la pâte sur
une planche enfarinée; la rouler et
l'étirer en un rectangle. Façonner
un long pain dont on scelle les
extrémités en les pinçant en pointes.
Mettre les pains sur une plaque à
biscuits saupoudrée de farine de
maïs. Faire des incisions sur le
dessus et laisser reposer 1 heure.
Badigeonner d'eau et mettre au
four 10 minutes à 425°F (220°C).
Badigeonner d'eau à nouveau,
réduire le feu à 325°F (160°C) et
faire cuire pendant encore 40
minutes.

*À gauche: église Saint-Louis-de-
Gonzague, Richibouctou (N.-B.)
À droite: Tracadie (N.-B.)*

Muffins aux bleuets

1 oeuf
1/2 tasse (125 mL) de lait
1/4 tasse (50 mL) de shortening
*   fondu*
1-1/2 tasse (375 mL) de farine
2 c. à thé (10 mL) de poudre à pâte
1/2 c. à thé (2 mL) de sel
1/2 tasse (125 mL) de sucre
1 tasse (250 mL) de bleuets

Battre légèrement l'oeuf. Incorporer
le lait et le shortening. Tamiser les
ingrédients secs et les ajouter au
premier mélange, en remuant juste
assez pour imprégner la farine.
Enfariner légèrement les bleuets et
les intégrer dans la pâte. Graisser
des moules à muffins et les remplir
aux deux tiers. Mettre au four à
400°F (200°C) durant 20 à 25
minutes.

Photo: Sainte-Anne-du-Ruisseau
(N.-É.)

Gâteau à la farine de maïs

1-1/4 tasse (300 mL) de farine
3/4 tasse (175 mL) de farine de maïs
3 c. à thé (15 mL) de poudre à pâte
1 c. à thé (5 mL) de sel
2 c. à soupe (25 mL) de sucre
2 c. à soupe (25 mL) de beurre
1 oeuf
1/3 tasse (75 mL) de lait

Tamiser les ingrédients secs. Incorporer le beurre. Battre l'oeuf et le mélanger au lait. Ajouter aux ingrédients secs, en mêlant bien. Mettre dans un moule à pain et cuire au four à 400°F (200°C) durant 12 à 15 minutes.

Photo: aboiteau, Grand-Pré (N.-É.)

Gâteau à la mélasse

1 oeuf battu
1/2 tasse (125 mL) de cassonade
1/2 tasse (125 mL) de saindoux
   fondu
1 tasse (250 mL) de mélasse
2-1/2 tasses (625 mL) de farine
1 c. à thé (5 mL) de bicarbonate de
   soude
1/2 c. à thé (2 mL) de sel
1 c. à thé (5 mL) de cannelle
1 tasse (250 mL) d'eau bouillante

Mélanger tous les ingrédients et
bien battre. Verser dans un moule
graissé et mettre au four à 350°F
(180°C) pendant 1 heure.

*Photo: église catholique de Miscouche
(Î.-P.-É.)*

Gâteau aux fruits

2 tasses (500 mL) de raisins sans
   pépin
1 tasse (250 mL) d'un autre fruit sec
1 tasse (250 mL) de cassonade
1 tasse (250 mL) d'eau chaude
1/2 tasse (125 mL) de saindoux
1/2 c. à thé (2 mL) de sel
1/2 c. à thé (2 mL) de cannelle
1/2 c. à thé (2 mL) de quatre-épices
1/4 c. à thé (1 mL) de clous de girofle
   moulus
1-3/4 tasse (425 mL) de farine
1 c. à thé (5 mL) de bicarbonate de
   soude
1 c. à thé (5 mL) de vanille

Mélanger raisins, fruit sec, cassonade, eau chaude, saindoux, sel
et épices. Amener à ébullition et
faire mijoter de 15 à 20 minutes.
Laisser refroidir jusqu'à ce que ce
soit tiède. Incorporer la farine
tamisée avec le bicarbonate de
soude. Ajouter la vanille. Verser
dans un moule à pain graissé et
mettre au four environ 1 heure à
325°F (160°C).

Photo: Grand-Sault (N.-B.)

Tarte au lait sur

1-1/2 c. à soupe (20 mL) de farine
3/4 tasse (175 mL) de sucre
2 c. à soupe (25 mL) de vinaigre
1/2 c. à thé (2 mL) de sel
1 c. à soupe (15 mL) de beurre
2 jaunes d'oeuf battus
1/4 tasse (50 mL) de lait
1 tasse (250 mL) d'eau bouillante
1 c. à thé (5 mL) d'essence
   de citron
Croûte à tarte cuite
Meringue

Mélanger la farine et le sucre. Ajouter le vinaigre, le sel, le beurre et les jaunes d'oeuf. Battre jusqu'à ce le mélange devienne crémeux. Incorporer le lait et l'eau bouillante. Faire cuire le mélange au bain-marie jusqu'à épaississement, en brassant constamment. Incorporer l'essence de citron. Verser dans une croûte à tarte et garnir de meringue. Mettre au four à 380°F (180°C) jusqu'à ce que ce soit doré.

Tarte au sucre acadienne

1 tasse (250 mL) de cassonade
1/4 tasse (50 mL) de farine
1 croûte à tarte non cuite de
  9 po. (23 cm)
2 oeufs battus
2 tasses (500 mL) de crème légère
1 c. à thé (5 mL) d'essence
  d'érable
1/4 tasse (50 mL) de beurre
  fondu
1 pincée de muscade

Mélanger la cassonade et la farine. Tapisser de ce mélange le fond de la croûte à tarte. Battre ensemble oeufs, crème, essence d'érable et beurre. Verser dans la croûte à tarte et saupoudrer de muscade. Mettre au four à 400°F (200°C) pendant 40 à 50 minutes ou jusqu'à ce que la croûte soit dorée et que la garniture soit à point.

Photo: Grande-Anse (N.-B.)

Blanc-manger à la mousse irlandaise

1/3 tasse (75 mL) de mousse irlandaise
4 tasses (1 L) de lait
1/4 c. à thé (1 mL) de sel
1-1/2 c. à thé (7 mL) de vanille
Tranches de banane
Sucre
Crème

Recouvrir la mousse d'eau froide et laisser tremper 15 minutes.

Égoutter et nettoyer. Faire cuire au bain-marie la mousse et le lait pendant 30 minutes ou jusqu'à léger épaississement. Ajouter le sel et la vanille et tamiser le mélange. Tremper des moules individuels dans l'eau froide et les remplir de pouding. Refroidir. Renverser sur des assiettes à dessert et garnir avec des tranches de banane, du sucre et de la crème.

À gauche: Shédiac (N.-B.)
À droite: cueillette de mousse irlandaise, Skinners Pond (Î.-P.-É.)

Poutines à trou

Pâte:

3 tasses (750 mL) de farine
1 c. à thé de poudre à pâte
1/2 c. à thé (2 mL) de sel
3/4 tasse (175 mL) de shortening
1 à 2 c. à soupe (15 à 25 mL) d'eau

Garniture:

5 tasses (1,25 L) de pommes pelées,
*   en cubes*
3/4 tasse (175 mL) de raisins secs
3/4 tasse (175 mL) de canneberges
1/4 tasse (50 mL) de lard salé,
*   en cubes*

Sirop:

1 tasse (250 mL) de cassonade
1/2 tasse (125 mL) d'eau
1/2 c. à thé (2 mL) de vanille

Préparation de la pâte: mélanger les ingrédients secs et ajouter le short-ening. Couper en morceaux. Ajouter suffisamment d'eau pour faire une pâte et bien mélanger. Rouler la pâte et la couper en rondelles. Préparation de la garniture: mélanger les pommes, les raisins, les canneberges et le lard salé. Verser une cuillerée de garniture sur chaque rondelle de pâte. Humecter le bord de la rondelle et ramener en boule vers le centre. Sceller l'ouverture et placer tête-bêche sur une plaque à biscuits graissée. Pratiquer un trou au centre de chaque poutine. Mettre au four à 400°F (200°C) de 40 à 50 minutes ou jusqu'à ce qu'elles deviennent dorées. Préparation du sirop: ajouter la cassonade à l'eau et faire bouillir pendant 10 minutes. Ajouter la vanille. Verser dans l'orifice des poutines et servir.

Vieux dessert acadien

Lait frais
Sucre d'érable râpé ou sirop d'érable

Verser le lait frais dans des coupes à dessert. Placer des couteaux ou des bâtonnets sur le dessus des coupes et recouvrir d'un coton en vous assurant que le linge ne touche pas le lait. Laisser reposer les coupes 24 heures ou jusqu'à ce que le lait soit épais et qu'une couche de crème se forme à la surface. Ne pas bouger les coupes pendant cette période. Servir avec du sucre d'érable râpé ou du sirop d'érable.

Photo: Lieu historique national de Grand-Pré, Grand-Pré (N.-É.)

Biscuits géants aux raisins

2 tasses (500 mL) de raisins secs
1 tasse (250 mL) d'eau
1 tasse (250 mL) de shortening
2 tasses (500 mL) de sucre
3 oeufs
3/4 c. à thé (3 mL) de vanille
4 tasses (1 L) de farine
1 c. à thé (5 mL) de poudre à pâte
1 c. à thé (5 mL) de bicarbonate de
   soude
2 c. à thé (10 mL) de sel
1/2 c. à thé (2 mL) de cannelle
1/4 c. à thé (1 mL) de clous de girofle
   moulus
1/4 c. à thé (1 mL) de quatre-épices

1 tasse (250 mL) de noix hachées
   (facultatif)

Recouvrir les raisins d'eau et
faire bouillir 15 minutes. Laisser
refroidir. Défaire en crème le shortening et le sucre. Ajouter les oeufs
et bien battre. Ajouter à ce mélange
la vanille, les raisins bouillis avec
le liquide et 1/4 de tasse (50 mL)
d'eau supplémentaire. Tamiser
ensemble les ingrédients secs et les
incorporer, une petite quantité à la
fois, au mélange de raisins. Bien
mélanger. Incorporer les noix
hachées. Déposer à la cuiller sur
une plaque à biscuits graissée et
mettre au four 10 à 12 minutes à
375°F (190°C).

Biscuits aux gingembre

1/2 tasse (125 mL) de shortening
3/4 tasse (175 mL) de cassonade
3/4 tasse (175 mL) de mélasse
3 tasses (750 mL) de farine
2 c. à thé (10 mL) de poudre à pâte
1 c. à thé (5 mL) de sel
1 c. à thé (5 mL) de gingembre
1/2 c. à thé (2 mL) de cannelle
1/2 tasse (125 mL) d'eau froide

Mélanger ensemble le shortening, la cassonade et la mélasse. Mélanger ensemble les ingrédients secs et les ajouter au premier mélange. Ajouter graduellement l'eau froide et mélanger jusqu'à l'obtention d'une pâte ferme. Rouler la pâte à 1/4 de po. (1 cm) d'épaisseur. Couper à l'emporte-pièce et déposer sur une plaque graissée. Mettre au four à 400°F (200°C), de 8 à 10 minutes.

Photo: Négouac (N.-B.)

59

Sucre à la crème

1-1/2 tasse (375 mL) de cassonade
1 tasse (250 mL) de sucre blanc
2 tasses (500 mL) de sirop
   d'érable
1 chopine (500 mL) de crème à
   fouetter
Noix ou noix de coco (facultatif)
Beurre

Mélanger tous les ingrédients, sauf
les noix et le beurre. Faire cuire
lentement jusqu'à ce que le mélange
forme une boule molle lorsqu'on en
fait tomber un peu dans un verre
d'eau froide. Retirer du feu et laisser
refroidir un peu. Ajouter les noix.
Verser dans un plat bien beurré et
couper en carrés.

La tire

1 tasse (250 mL) de mélasse
1 tasse (250 mL) de sucre blanc
1 tasse (250 mL) de cassonade
1/2 tasse (125 mL) de sirop de maïs
1/2 tasse (125 mL) d'eau
1 c. à soupe (15 mL) de beurre
1 c. à soupe (15 mL) de vinaigre
Quelques gouttes de vanille
1 c. à thé (5 mL) de bicarbonate de
   soude sans grumeaux
Beurre

Mélanger tous les ingrédients, sauf
le bicarbonate de soude et le beurre.
Faire bouillir jusqu'à ce que le
mélange forme une boule dure
lorsqu'on en dépose une cuillerée
dans l'eau froide. Ajouter le bicarbonate de soude et bien mélanger.
Verser dans une assiette bien
beurrée et laisser refroidir mais sans
laisser durcir. Prendre avec les
mains enduites de beurre et l'étirer
jusqu'à ce que la tire devienne brun
clair ou dorée. Couper en petit
morceaux et envelopper dans du
papier ciré.

*Photo: Festival acadien, Abram-
Village (Î.-P.-É.)*

Cidre

7 lb (3,5 kg) de pommes
1 gallon (4 L) d'eau froide
3 lb (1,5 kg) de sucre

Couper les pommes et les mettre
dans un pot de terre. Ajouter l'eau
froide, couvrir avec de la gaze et
laisser reposer 10 jours, en brassant
tous les jours. Lorsque la fermenta-
tion a cessé, égoutter dans un sac à
gelée. Remettre le jus dans le pot et
ajouter le sucre, en brassant jusqu'à
dissolution. Laisser reposer 7 jours,
en brassant tous les jours. Écumer
et verser dans un barillet de bois.
Fermer hermétiquement avec un
bouchon. Laisser reposer 6 mois.

À gauche: rose sauvage (Î.-P.-É.)
À droite: pommiers en fleurs (N.-É.)

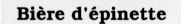

Bière d'épinette

1-1/2 tasse (375 mL) de sucre
1 pinte (1 L) d'eau bouillante
3 pintes (3 L) d'eau froide
1 c. à thé (5 mL) de vanille
4 à 6 sachets de levure sèche
2 à 3 c. à soupe (25 à 50 mL)
   d'essence de gomme d'épinette

Dissoudre le sucre dans l'eau
bouillante. Ajouter l'eau froide et la
vanille. Saupoudrer la levure sur le

mélange d'eau et bien mélanger.
Ajouter l'essence de gomme
d'épinette, couvrir et laisser reposer
dans un endroit tiède de 12 à 16
heures. Écumer et embouteiller.
Entreposer dans un endroit frais.

*Photo: Rivière Bourgeois, Île-du-Cap-
Breton (N.-É.)*